NOTICE

ENCYCLOGRAPHIQUE

SUR

AIRAINES.

NOTICE
ENCYCLOGRAPHIQUE
SUR
AIRAINES,

PAR

A. MACHY,

DOCTEUR EN MÉDECINE.

> Vivre sur la terre qui nous a vus naître, sans s'inquiéter, ni de ce qui nous a précédés, ni de ce qui doit nous suivre, c'est dormir du sommeil du bœuf, c'est vivre en brute. Mieux on étudie son pays, plus on l'aime.
>
> (DE CORMENIN).

AIRAINES,

CHEZ L'AUTEUR, PLACE DU MARCHÉ.

—

1852.

PRÉFACE.

L'épigraphe qui est en tête de cette notice, indique assez le motif qui m'a poussé à la publier. Etre utile autant que possible à mon pays, telle est ma devise. Déjà, dans une circulaire que j'adressais aux électeurs municipaux d'Airaines, le 22 août 1846, je disais : « Je ne reconnais à personne sinon la puissance de faire plus de bien dans l'intérêt général, du moins l'intention meilleure que je puis l'avoir, et j'affirme hautement qu'il ne tiendrait pas à moi que notre pays fût mieux classé dans l'estime de nos voisins ; tous mes vœux tendent à le voir s'affranchir des préjugés qui le tiennent encore en lisière..... » Et plus loin : « J'ai brigué le mandat de conseiller municipal, non point pour la vaine gloriole que beaucoup attachent à ce titre, mais plutôt dans le dessein de contribuer à faire le bien. » Aujourd'hui je demanderai à ces mêmes hommes, si j'ai failli à mon mandat et si mes actes sont venus donner un démenti à mes paroles; je les en fais juges.

C'est d'après la proposition que j'ai soumise au conseil municipal que la rue de l'Hospice a été dotée d'un pont sans lequel elle serait restée inhabitable ; c'est d'après l'initiative que j'ai prise que la foire de la Saint-Clément dure deux jours ; qu'un marché aux chevaux nous est accordé ; que nos rues, innommées jusque-là, ont reçu des noms et des plaques indicatives. Entr'autres propositions que j'ai faites, je citerai encore la demande d'une audience du juge-de-paix tous les quinze jours ; mais cette demande fut rejetée : voilà mes actes.

Maintenant suis-je bien dans de bonnes conditions pour publier cette notice ? Sous le rapport de l'érudition et du mérite littéraire, assurément non. Mais j'ai un autre titre, c'est celui de véritable enfant d'Airaines, car si quelqu'un est bien naturalisé dans notre localité et a vraiment le droit de s'appeler son enfant, je puis dire que je suis l'un de ses habitants qui a le plus de droits à ce titre. Par conséquent, je puis m'occuper de notre commune, ma famille l'habitant depuis plusieurs siècles, puisque dans le cours de cette notice il est question d'un curé de la paroisse Saint-Denis, qui portait déjà mon nom, il y a plus de trois cents ans : il est vrai que ce nom est précédé de la noble particule *de*; mais, d'après les recherches que j'ai pu faire, certains de mes ancêtres ont leur nom précédé de ce même *de*, d'où je conclus que les Machy et les de Machy d'Airaines proviennent de la même souche : comme je ne me soucie point d'allonger mon nom d'une syllabe, peu m'importe.

Du côté maternel j'ai des titres qui ne sont pas moindres : le père de ma mère, Elie Tripier, fut maire d'Airaines pendant les premières années si difficiles à traverser de la première République ; son nom est honorablement inscrit dans les fastes de notre commune, car on ne peut lui reprocher une mauvaise action. Son fils aîné, Joseph-Elie Tripier, devint maire à son tour, et remplit ces fonctions depuis le commencement de la Restauration jusqu'en 1835, époque à laquelle, dégoûté des tracasseries sans nombre qu'une minorité bien infime du conseil municipal lui suscitait, il donna sa démission. Pendant cette période d'une vingtaine d'années, on ne saurait compter les bienfaits qu'il répandit à flots dans notre pays et dans les environs ; sa mémoire est encore vénérée de tous les habitants.

C'est donc à ce double titre d'enfant d'Airaines et d'ami de mon pays, que j'ai entrepris la publication de cet opuscule. L'épithète qui accompagne le titre paraîtra sans doute bien prétentieuse ; mais n'en ayant point trouvé une autre qui pût mieux s'appliquer à cette espèce de mosaïque dont est composée ma notice, je me suis trouvé fort heureux de m'en emparer.

Mais qu'importent à nos concitoyens ces recherches? Pour la plupart, les tumultes du dehors étouffent les tumultes du dedans; les affaires ne leur laissent point le loisir de s'interroger. Ont-ils le temps de savoir ce que leurs ancêtres ont été et ce qu'ils sont eux-mêmes, eux que préoccupe bien plus un prochain bail, ou le cours du produit de leurs récoltes? Quant à moi, j'ai fait ce que j'ai cru devoir faire, sans nul souci de ce qu'on en penserait. *Fais ce que dois, advienne que pourra.*

Airaines, le 2 février 1852.

CHAPITRE Ier.

ÉTYMOLOGIE.

AIRAINES s'appelait autrefois *Araines*. L'étymologie du nom de cette localité paraît venir du mot latin *arena*. Je me sers à dessein de ce mot localité pour qualifier notre pays, car le nom de bourg ne saurait s'appliquer à Airaines ; le nom de ville lui appartient à plus juste titre, puisqu'il est prouvé par le cartulaire du prieuré d'Airaines, remontant à 1532, qu'à cette époque on disait encore la ville d'Airaines et sa banlieue ; et je ne vois pas pourquoi notre pays n'aurait pas autant de droits à ce titre que la ville de Poix, la ville de Picquigny et tant d'autres localités de notre département, qui, certes, sont loin de valoir Airaines sous quelque rapport que ce soit. Ceci posé, dans tout le cours de cette Notice, je rendrai à notre commune son ancien titre.

Pour faire dériver le nom de notre ville du mot latin *Arena*, on n'est pas obligé de se mettre l'esprit à la torture ainsi que sont contraints de le faire la plupart des historiographes. Ici deux hypothèses viennent donner de la valeur à ce que nous avançons.

Arena veut dire sable ; or, Airaines aurait été bâti sur le sable que le reflux de la mer apportait jusqu'en cet endroit. On pourrait s'appuyer, pour soutenir cette première hypothèse, sur ce que ce reflux se serait fait sentir jusqu'à Airaines et même à un kilomètre au-delà, au lieu appelé encore aujourd'hui le *Mermont*. La tourbe qui s'extrait dans ce dernier lieu viendrait encore à l'appui de cette opinion ; car tout le monde sait que la tourbe n'est qu'un détritus de toutes sortes de plantes marines qui acquièrent avec le temps la consistance et les qualités qui la distinguent. En descendant la rivière qui traverse Airaines et qui porte ce même nom, on trouve, à deux kilomètres en aval, une digue longue de cinq cents mètres à peu près, haute de quatre mètres environ, et large de huit à dix mètres, coupant la vallée perpendiculairement Cette digue, appelée le *Môle* aurait eu pour destination de s'opposer à l'irruption des eaux, et en même temps de servir de voie de communication à travers cette vallée. Il est facile de supposer que par suite des cataclysmes du globe, les eaux ont laissé à sec une partie de ces terres qu'elles submergeaient alors.

D'autres faits ou d'autres preuves viennent contrebalancer cette première hypothèse. *Arena* au pluriel *arenæ*, veut dire aussi arènes ou cirque. Suivant la tradition, avant l'ère chrétienne, ou du moins sous la domination romaine, des combats de bêtes féroces, où se rendaient en foule les populations de la contrée, avaient lieu auprès de l'enceinte de cette ville, dans un amphithéâtre dont l'emplacement est encore bien marqué aujourd'hui, à l'endroit appelé la *Fosse Tonton*. On y arrive en suivant une rue à laquelle nous avons cru devoir adapter le nom de *rue des Arènes*. Cette rue prend naissance à peu près vers le milieu du parcours de la *rue de la Porte du Marché*.

CHAPITRE II.

COUP D'OEIL HISTORIQUE.

Airaines était situé dans le comté de Ponthieu, qui faisait partie de l'ancienne province de Picardie.

L'origine de cette ville remonte à la plus haute antiquité, et se perd dans la nuit des siècles : du reste, sa position au point de jonction de trois petites rivières explique assez que ce poste dût être recherché comme position militaire. Les Romains, si bons juges en pareille matière, ne manquèrent point de construire un fort, *castellum*, au sommet du triangle formé par les deux vallées ; la preuve de leur passage et de leur séjour en ce lieu se trouve dans les tuiles romaines que l'on y rencontre. L'une de leurs grandes voies de communication traversait Airaines, celle qui conduisait de *Samarobriva*

(Amiens) à *Augusta* (le Tréport); des lacunes de cette voie existent encore en deçà et au-delà d'Airaines. Les successeurs des Romains dans la domination de notre province, les grands feudataires du moyen-âge, apprécièrent également l'importance de cette position, à cheval à l'entrée de deux vallées. Les seigneurs suzerains de la contrée, les comtes de Ponthieu, choisirent l'ancien poste romain, pour y construire l'un de leurs donjons, espèces de sentinelles avancées, qui avaient pour mission de surveiller les moindres mouvements des malheureux vassaux. L'emplacement et les fossés de cette antique forteresse subsistent toujours, et sont appelés le *château de Ponthieu*. A une époque plus rapprochée de nous, le seigneur châtelain voulut aussi avoir son donjon, et il choisit pour l'asseoir une autre éminence au nord de la première; de ce dernier château, deux tours et le pont-levis formant l'entrée sont encore debout.

Le quartier appelé *le Marché* est construit en entier sur des souterrains ou carrières : les unes sont creusées dans la terre argileuse; les autres, plus profondes, dans la marne. Ces dernières ont été exploitées fort anciennement, et ont pu servir de refuge à nos ancêtres lors des invasions des Normands. On y retrouve certains amas d'une matière grisâtre assez semblable à de la cendre. Peut-être qu'en les explorant avec soin, on découvrirait d'autres indices qui en fixeraient la destination primitive. Ces différents faits établissent d'une manière irréfutable l'ancienneté de notre localité.

A l'endroit appelé le *Môle*, au milieu de la belle vallée arrosée par l'Airaines, adossé à la digue dont j'ai déjà parlé, se trouvait un établissement de Templiers, si l'on en croit la tradition : ici la tradition paraît être en accord parfait avec la réalité. On extrait de la tourbe en cet endroit, et on y trouve des amas de tuiles, des pieux en chêne qui servaient de pilotis, et jusqu'à des troncs entiers de ces mêmes arbres. La surface généralement plane de la prairie est dominée par une légère élévation du sol, qui constitue un plateau tout couvert des débris des anciennes constructions. On y a déjà rencontré des médailles ; et tout fait présumer que si le plateau lui-même était l'objet de fouilles bien entendues, ces fouilles ne seraient point sans résultat. Cette prairie fut vendue comme bien national appartenant aux chevaliers de Saint-Jean de Jérusalem, qui, comme chacun le sait, recueillirent la succession des Templiers. La seigneurie de Basincamps qui était contiguë, leur appartenait également.

Les chroniques se taisent sur notre ville jusqu'à la fin du XIIe siècle : il y est fait mention d'Airaines pour la première fois à l'occasion du mariage d'un membre de la maison de Croy avec une dame d'Airaines. Cette famille de Croy devint l'une des plus célèbres et des plus nobles, non seulement de la

France, mais encore de la Bourgogne, de l'Allemagne et des Pays-Bas. Des membres de cette illustre famille allient leurs noms aux noms les plus illustres; l'histoire du Moyen-Age raconte peu de faits où cette famille n'ait point pris une part quelconque.

D'après plusieurs généalogistes, les Croy descendaient des anciens rois de Hongrie : Étienne IV, surnommé l'Ancien, l'un de ces rois, privé de son trône en 1172, fut contraint de quitter la Hongrie avec Marc de Hongrie, son fils. Louis VII, dit le Jeune, roi de France, leur fit grand accueil, et peu de temps après, en 1178, Marc épousa Catherine, dame d'Airaines et de Croy-sur-Somme. Leurs descendants adoptèrent ce dernier nom, et ce fut pour lui donner un nouveau lustre, puisque plusieurs parvinrent aux plus hautes dignités. Ainsi, nous voyons l'un d'eux, Jean, sire de Croy et de Renty, capitaine du château du Crotoy, devenir grand bouteiller de France en 1410 (l'une des cinq grandes charges de la couronne). Il fut tué à la bataille d'Azincourt : un autre, Antoine, sire de Croy, Renty, Airaines, Beaurain, etc., comte de Guines, surnommé le *Grand*, fut le favori de Philippe-le-Bon, duc de Bourgogne, qui le fit chevalier de la Toison d'Or; lors de son avènement au trône, Louis XI le créa grand-maître de France, c'est-à-dire grand-maître de la maison du roi. Nous voyons encore paraître des membres de cette famille à la bataille de Bouvines. Ce fut le 27 août 1214 que Philippe-

Auguste, roi de France, y remporta une victoire mémorable sur une armée coalisée de près de cent mille combattants, à la tête desquels on remarquait Othon IV, empereur d'Allemagne, le duc de Brabant, le comte de Salisbury, représentant le roi d'Angleterre, Ferrand de Portugal, comte de Flandre et de Hainaut, les comtes de Boulogne, de Hollande, de Luxembourg, etc. Parmi les chevaliers portant bannières (1) qui accompagnèrent à Bouvines Guillaume III, comte de Ponthieu, nous remarquons Raoul, sire d'Airaines, et le seigneur de Croy. L'histoire rapporte que ce fut surtout à la valeur des chevaliers Picards et de leurs gens que Philippe-Auguste dût le succès de cette journée à jamais célèbre ; ce doit être pour nous, leurs descendants, un juste sujet d'orgueil.

Peu d'années après la bataille de Bouvines, en 1233, Simon, comte de Ponthieu, confirme les libertés et franchises communales d'Airaines, ou chartes de la commune. On ignore à quelle époque et moyennant quelles conditions les bourgeois les avaient obtenues.

(1) Il y avait quatre sortes de fiefs : ceux des grands vassaux de la couronne, ceux tenus par les *bannerets*, les fiefs de *haubert*, et ceux de simple *écuyer*. Le droit de porter bannière et le titre de *banneret* n'étaient point héréditaires : il fallait pour cela pouvoir réunir et équiper au moins cinquante hommes d'armes outre les archers et arbalétriers, l'homme d'armes était accompagné d'un page et d'un valet montés : le premier portait la lance ; le valet portait la guisarme ou hache à deux tranchants. Des historiens prétendent qu'il fallait, pour avoir le droit de porter bannière, posséder un château et au moins vingt-quatre familles ou feux qui fissent hommage au seigneur.

Airaines était compris dans le comté de Ponthieu, et, à ce titre, était régi par les coutumes de ce comté ou de la sénéchaussée.

La sénéchaussée de Ponthieu renfermait cinq bailliages prévôtaux ou justices royales du troisième degré, savoir : Abbeville, Airaines (1), Crécy, Rue et Waben. (Le bailliage de Waben fut transféré à Montreuil vers le milieu du XVIIe siècle.)

Le bailliage prévôtal d'Airaines avait pour officiers un président, un lieutenant-criminel, deux conseillers, un avocat, un procureur du roi, un substitut et un greffier. La coutume du Ponthieu servait de code à la sénéchaussée et aux diverses juridictions de son ressort, moins les prévôtés de Saint-Riquier, du Vimeu et de Montreuil qui faisaient partie du bailliage d'Amiens. Les appels du bailliage d'Airaines, ainsi que ceux des échevins du même lieu étaient portés au siége de la sénéchaussée; les affaires étaient jugées par les baillis royaux, et en dernier ressort par le parlement de Paris.

Vers les années 1281-82, le Ponthieu appartenant alors à Edouard I, roi d'Angleterre, du chef de sa femme, Eléonore de Ponthieu, qu'il épousa en 1272, les bourgeois d'Abbeville et Thomas Sandwich, sénéchal du Ponthieu pour le roi d'Angleterre, eurent ensemble un différend relativement au bailli que ce sénéchal voulait leur impo-

(1) Le bailliage prévôtal d'Arguel fut détaché du duché d'Aumale et réuni au bailliage d'Airaines.

ser. Les bourgeois, après maintes contestations, furent cependant contraints de céder, de recevoir le nouveau bailli, et de reconnaître qu'à l'avenir ils n'auraient aucun droit sur le sénéchal et les baillis d'Abbeville, de Crécy, d'Airaines, de Waben et de Rue, pour quelque chose que ce fût.

L'un des faits les plus saillants relatifs à notre localité est, sans contredit, tout ce qui à précédé et donné lieu à la bataille de Crécy. Edouard III, roi d'Angleterre, vint rendre hommage en 1329 à Philippe VI, dit de Valois, roi de France, pour la Guienne et le Ponthieu, dans la cathédrale d'Amiens, et le reconnut pour suzerain. Mais cette démarche d'un vassal qui se croyait aussi puissant que son maître, humilia le fier Edouard, et fut le prélude d'une guerre terrible de la France avec l'Angleterre, et la cause de l'antipathie invétérée qui divisa jusqu'à nos jours ces deux grandes nations.

Les hostilités duraient déjà depuis longtemps entre les deux rois, lorsqu'Edouard débarqua en Normandie avec une nouvelle armée de quarante mille hommes. Après avoir commis quelques ravages dans cette contrée, il fut obligé de se retirer en apprenant la marche de Philippe et de l'armée française. A l'approche de l'armée anglaise qui battait en retraite, la garnison des châteaux d'Airaines, composée de cent quatre-vingts hommes, ne pouvant tenir contre toute une armée, se retira sur Pont-Remi. Edouard, serré de près par un corps de cavalerie commandé par Jacques de Bourbon, arriva à Airaines, fort inquiet de trouver un moyen d'échapper à l'armée française. Il défendit, *sous peine de la hart* (d'être pendu), dit l'historien Froissart, d'incendier la place parce que ses troupes, harassées de fatigue, avaient besoin de repos; son intention était d'y séjourner deux ou trois jours.

Cependant, il envoya en éclaireurs, pour forcer le passage de la Somme, le comte de Warwick et Geoffroy d'Harcourt, à la tête d'une troupe de deux mille archers et de deux mille hommes d'armes. Ils firent plusieurs tentatives infructueuses, et furent contraints de se retirer après avoir éprouvé quelques pertes. Dans leur retraite, ils brûlèrent Fontaine-sur-Somme, et dévastèrent Longpré, « où il y a, dit Froissart, bonnes chanonneries et riche ville et moult de biaux hostels qui furent ars et robés (brûlés et pillés). » Force leur fut de retourner à Airaines vers Edouard qui voyait l'horizon s'assombrir de plus en plus. En effet, Philippe de Valois, à la tête d'une formidable armée, que les historiens contemporains évaluent à environ cent mille hommes, n'était plus qu'à quelques lieues de cette ville. Les populations des villes et des campagnes, qui n'attendaient que l'occasion de se venger de tous les maux que les Anglais leur avaient faits, se levaient en masse. L'orage grossissait donc à chaque instant et menaçait de détruire Edouard et son armée, s'il ne prenait vite un parti. Ayant entendu la messe un peu avant le lever du soleil, il partit d'Airaines en si grande hâte, que les Français qui entrèrent dans cette place presque aussitôt après son départ, « trouvèrent, dit Froissart, grand' foison de pourvéances (provisions) chairs en hastes (broches), pains et pâtés en fours, vins en tonneaux et en barils, et moult (beaucoup) tables mises que les Anglais y avaient laissées. »

De là le roi d'Angleterre gagna le gué de Blanquetaque par Oisemont ; Jacques de Bourbon, comte de la Marche, reçut quelques renforts à Airaines et se mit immédiatement à sa poursuite ; mais il arriva à Blanquetaque seulement au moment où l'arrière-garde anglaise allait franchir le fleuve ; néanmoins il l'attaqua avec vigueur, et ne céda qu'à la marée montante.

Pendant que ces faits se passaient, Philippe de Valois, avec le gros de l'armée, remplaçait à Airaines le comte de La Marche ; il suivit la même route que celui-ci, mais moins rapidement, car les troupes de Jacques de Bourbon par leur composition, et stimulées par leur chef marchaient avec plus d'ardeur. Philippe n'arriva donc sur les rives de la Somme que pour apprendre le passage de cette rivière par l'armée anglaise tout entière. Si sa marche eût été plus rapide, il aurait pu éviter la journée désastreuse de Crécy. (26 août 1346.)

Parmi les grands dignitaires et chevaliers tués à

cette funeste bataille, nous remarquons Jean de Croy, sire d'Airaines.

Dans le cours de l'année 1413, Charles VI, par une ordonnance générale pour la police du royaume, fixe les gages des capitaines de Crécy, du Gard-lès-Rue, du Titre, d'Airaines et d'Hélicourt. Ce qui témoigne de l'importance militaire de ces localités, c'est qu'au Moyen-Age, elles avaient un gouverneur avec le titre de capitaine de ville, nommé par le roi : il avait le commandement des troupes royales, et concourait avec le mayeur à la défense de la ville, qui était obligée de lui payer ses appointements. Cette charge n'était confiée qu'à des personnes de grande noblesse, et qui s'étaient fait un nom dans les armes.

Henri V, roi d'Angleterre, voulant continuer la politique d'Edouard III, et revendiquer les provinces françaises sur lesquelles il croyait avoir des droits, le Ponthieu entr'autres, débarqua en Normandie, à l'embouchure de la Seine, au lieu où depuis fut bâti le Havre. Mais bientôt, harcelé par l'armée française à laquelle se joignirent les populations, il se vit contraint à la retraite, et obligé, après avoir essayé vainement de franchir la Somme à Pont-Remi, de se retirer vers Airaines en brûlant les villages, « prenant hommes et emmenant grands proies. » (Monstrelet.) Ce fut en le poursuivant que la noblesse française, toujours pressée d'en venir aux mains, commit la même faute qu'à

Crécy et alla livrer aux Anglais la bataille d'Azincourt (25 octobre 1415).

Cette bataille aussi funeste à la France que celle de Crécy, vit encore combattre parmi les chevaliers le seigneur de Croy et Jean son fils dont j'ai déjà parlé; tous deux y furent tués.

Henri V s'était fait reconnaître, par le traité de Troyes comme *régent et héritier de France*; il avait trouvé des partisans nombreux et puissants pour appuyer ses prétentions; le plus puissant était Philippe-le-Bon, duc de Bourgogne. Mais Jacques de Harcourt, gouverneur du Crotoy, refusa de le reconnaître en cette qualité; des capitaines illustres se joignirent bientôt à lui et s'emparèrent de divers châteaux qui avaient déjà ouvert leurs portes aux Anglais et aux Bourguignons, entr'autres des *forteresses* d'Airaines (1421).

Pendant le cours de ces guerres civiles à jamais déplorables, où la France se trouvait ballotée entre les Anglais, les Bourguignons et les partisans du dauphin (depuis Charles VII), Airaines servait en quelque sorte d'hôtellerie aux différents partis qui se disputaient notre malheureuse patrie. Ainsi, Philippe-le-Bon, ayant entrepris l'attaque du château de Pont-Remi, les dauphinois, en face de forces de beaucoup supérieures aux leurs, n'attendirent point l'assaut et s'enfuirent précipitamment à Airaines, laissant le Pont-Remi à la merci du duc. (Monstrelet.)

Vers la fin de cette même année 1421, quarante français partisans du dauphin, s'étant réfugiés dans le château du Quesnoy, près d'Airaines, appuyés par la garnison des châteaux de cette ville, faisaient de fréquentes excursions, et ravageaient toute la contrée entre Amiens et Abbeville. Jean de Luxembourg et le seigneur de Croy, lieutenants de Philippe-le-Bon, vinrent les assiéger. Ne pouvant résister, et confiants dans les promesses de leur chef qui leur promettait la vie sauve, ils se rendirent : tous furent pendus, soit dans le village même, soit à Amiens. Avant de quitter le Quesnoy, Jean de Luxembourg fit brûler le château, et se dirigea vers Gamaches avec son armée, n'osant point attaquer les forteresses d'Airaines. Raoul le Bouteiller vint le joindre, accompagné de deux ou trois cents Anglais : à l'aide de ce renfort, il soumit plusieurs châteaux du Vimeu, et entreprit ensuite le siége des *forteresses* d'Airaines.

Ces châteaux étaient alors occupés par les Dauphinois, qui, pour éloigner Jean de Luxembourg et son armée, incendièrent la place à plusieurs reprises. Les assiégés se défendant vigoureusement, le siége marchait avec lenteur, lorsque dans les premiers mois de 1422, les Bourguignons reçurent de nouveaux renforts. Réduits à l'impossibilité de se défendre contre ces nouvelles forces, et n'espérant plus de secours, les assiégés sortirent de la place, se dispersèrent et cherchèrent un refuge dans les châteaux de St.-Valery, de Gamaches et du Crotoy qui soutenaient le même parti. Jean de Luxembourg fit raser l'un des deux châteaux et mit une garnison dans l'autre.

Les commencements du règne de Charles VII, continuent et augmentent encore, s'il est possible, cette série de désastres. Pendant que ce roi se livrait sans soucis à tous les plaisirs, des bandes armées appartenant aux diverses factions, parcouraient les campagnes, en se livrant à tous les excès que comportent la rapine et le pillage. Le Vimeu, dont notre pays est limitrophe était ravagé par une troupe de pillards. Les châteaux d'Airaines, étaient, dit Monstrelet, le repaire d'autres bandes qui ruinèrent le pays *par feu et par épée.* « Et furent réparées (1432) par ceux du parly du roy Charles VII, aucunes forteresses du pays de Vimeu, c'est à savoir, Airaines, Hornoy et autres, esquelles se boutlèrent plusieurs gens de guerre, dont le pays fut moult oppressé, et pareillement de ceux qui tenoient le parly du roy Henry (d'Angleterre) et du duc de Bourgongne. Si, ne sçavoient les pouvres laboureurs où eux bouter ne où aller à sauveté; et n'étoient aydez ne secourus d'aucun seigneur de quelque party qu'il fust. » (Monstrelet). Voici le tableau de cette époque que M. de Barante nous retrace à grands traits : « Tout le royaume, jusqu'à la Loire, était devenu comme une vaste solitude. Il n'y avait plus d'habitants que dans les bois et dans les forteresses ; encore les villes étaient bien plutôt des logis pour les gens de guerre que des demeures pour les citoyens, la culture était délaissée, hormis à l'entour des murailles, sous l'abri des remparts, et à la portée de la sentinelle du clocher. Dès qu'elle voyait venir l'ennemi, les cloches étaient sonnées, les laboureurs en toute hâte rentraient dans les villes ; les troupeaux, aussitôt qu'ils entendaient le son du tocsin, avaient pris l'instinct de s'enfuir d'eux-mêmes, et se pressaient aux portes pour se mettre en sûreté. » Pour compléter ce tableau de la misère publique, voici ce que rapporte un contemporain, dans le journal du Bourgeois de Paris : « Les laboureurs, cessant de labourer, allaient comme désespérés, et laissaient femmes et enfants, en disant l'un à l'autre : mettons tout en la main du diable ; ne nous *chault* (peu nous importe) que nous devenions ; mieux nous vaudrait servir les Sarrasins que les Chrétiens ; faisons du pis que nous pourrons ; aussi bien ne peut-on que tuer ou que pendre. Par le faux gouvernement des traîtres gouverneurs, nous faut renier femmes et enfants, et fuir aux bois comme bêtes égarées, non pas depuis un an ni deux, mais il y a *jà* quatorze ou quinze ans que cette danse douloureuse commença... »

Dans le cours de l'année 1434, nous voyons encore un Jean de Croy, le même qui accompagnait Jean de Luxembourg au siége du château du Quesnoy, assiéger le château de Rambures; ce sire de Croy fut ensuite chargé par Philippe-le-Bon de faire le siége du Crotoy alors occupé par les Anglais (Monstrelet).

Dans l'année 1440, nous trouvons aussi un sire d'Airaines réuni aux sires de Rambures, d'Auxy, à la Hire, et à d'autres capitaines de renom. Ils se rassemblèrent à Abbeville avec un corps de troupes, dans l'intention d'aller délivrer Harfleur qui était au pouvoir des Anglais; mais cette entreprise échoua.

Nous touchons à l'époque de la catastrophe la plus funeste à notre localité. Charles-le-Téméraire, duc de Bourgogne, irrité contre Louis XI, qui n'avait point suivi les clauses d'un traité conclu entr'eux, reprit les armes en 1472, et après avoir échoué devant Beauvais, se rejeta sur le Ponthieu. Airaines et plusieurs autres places retombèrent de nouveau en son pouvoir et furent brûlées et détruites de fond en comble.

Airaines eut l'honneur de recevoir dans son enceinte, et de donner l'hospitalité pour une nuit à l'un des meilleurs rois de France, à Louis XII, surnommé le *Père du peuple*. Ce fut le 1er octobre 1514, quand ce monarque vint à Abbeville épouser la princesse Marie, sœur de Henri VIII, roi d'Angleterre.

Pendant les troubles de la ligue, en 1589, une troupe de ligueurs, commandée par le capitaine Lefort, sortit d'Amiens, et s'empara du château d'Airaines, resté debout, et le rasa de nouveau. Ce château fut encore rebâti depuis, mais d'une manière incomplète, par le connétable de Luynes.

Depuis lors, Airaines cesse de figurer dans les pages de l'histoire, et s'éclipse pour faire place à des localités d'une illustration plus récente, qui s'éclipseront à leur tour pour faire place à d'autres; car le temps, comme l'a dit si poétiquement notre immortel chansonnier :

> Sur cent premiers peuples célèbres,
> A plongé cent peuples fameux
> Dans un abîme de ténèbres
> Où *tout* disparaîtra comme eux.
>
> (BÉRANGER.)

CHAPITRE III.

MONUMENTS ET OBJETS REMARQUABLES.

CHATEAU DE PONTHIEU. — J'ai déjà fait mention des deux châteaux ou forteresses existant à Airaines, et qui eurent à subir plusieurs siéges. Le plus ancien, connu sous le nom de château de Ponthieu, et plus vulgairement de *château de l'Abbaye*, à cause de la proximité de l'église de ce nom, est entièrement détruit, et n'offre plus que les vestiges de ses fossés, dont la profondeur et l'étendue peuvent nous donner une idée de l'importance de cette place. L'emplacement de cette forteresse qui occupe, y compris les fossés et talus, un hectare cinquante ares de superficie, a la forme d'une ellipse dont le grand axe est dirigé du nord au midi, et fait le prolongement de celui de la rue du même nom qui y conduit. La défense de cette forteresse, entourée de larges fossés, dont la profondeur est encore aujourd'hui du côté est d'une vingtaine de mètres, consistait en deux forts distincts joints ensemble par un pont-levis. Ainsi, cette place avait deux enceintes séparées, et devait présenter une double difficulté aux assiégeants, puisque les assiégés pouvaient abandonner le fort qui n'était plus tenable, et se retirer dans l'autre. Ce qui le prouverait, ce sont les deux puits existant encore dans chacune de ces parties. L'un d'eux, que j'ai retrouvé en pratiquant des fouilles sur l'éminence la plus élevée, renfermait, parmi les décombres dont il était rempli, une de ces petites meules à bras en quartz-agathe-brèche ou poudding, ayant quarante centimètres de diamètre, pesant vingt à vingt-cinq kilogrammes. Ces petites meules ont pu servir également aux Gaulois et aux Romains.

Au nombre des objets remarquables que j'y ai trouvés, je signalerai encore des carreaux en terre cuite vernissée, sur lesquels se trouvent différents dessins ; des pierres qui ont fait partie de colonnettes, ainsi que d'autres pierres sur lesquelles sont sculptées des rosaces, et qui ont servi de corniche. Les fondations des diverses parties de cette antique construction, ainsi que les soubassements tout en pierres de tuf, témoignent de la solidité que cet édifice dût avoir. En 1358, une inspection générale des forteresses du Ponthieu fut faite; on rasa les plus faibles, et on répara celles qu'on jugea capables de résistance ; le château du Ponthieu fut au nombre de ces dernières.

D'après ce qui en reste, cette forteresse, au moment où la poudre n'avait pas encore amené une révolution dans l'art de la guerre, a dû présenter de nombreux obstacles aux assaillants: quand au sommet de cette éminence, baissée déjà de trois à quatres mètres, par suite de l'enlèvement de matériaux considérables, s'élevait majestueusement un donjon haut d'une trentaine de mètres, l'attaque devait en être bien difficile. De ce poste élevé tel qu'il existe aujourd'hui, l'observateur domine toute la contrée dans un rayon de un à deux myriamètres, et jouit d'un coup-d'œil magnifique. La vue plonge dans la vallée de la petite rivière d'Airaines, bien au-delà de la vallée de la Somme, et s'étend de ce côté au-dessus de Domart, situé à dix-huit kilomètres. L'aspect devait être bien plus plus brillant encore, quand l'antique donjon surmontait le monticule ; du haut de ses terrasses, la vue planait sur un vaste horizon parsemé de villages et de bois, véritable panorama, dont ce que nous voyons aujourd'hui peut nous donner une idée.

Que de fois dans mes promenades à travers ces matériaux disséminés par le temps et les ravages de la guerre, n'ai-je pas reconstruit par la pensée ces tourelles et ces vieux donjons du Moyen-Age ! Je revois encore ces ponts-levis accompagnés de meurtrières, surmontés de machicoulis, à travers lesquels on examinait les survenants avant de baisser la herse; je rebâtis ces vastes appartements voûtés dont les salles humides résonnaient sous les éperons dorés des chevaliers et des barons; je n'omets pas surtout ces souterrains, appelés *oubliettes*, sombres cachots où l'on jetait les vaincus après un combat, et les pauvres vassaux qui avaient eu le malheur de déplaire à leur maître et seigneur. Que l'on me pardonne cette courte digression qui m'a été inspirée par la vue quotidienne de ces lieux, dont je suis aujourd'hui l'humble propriétaire; cette circonstance explique, excuse même, si l'on veut, la longueur des détails dans lesquels je suis entré avec complaisance pour décrire cette propriété.

Ce château, comme l'indique son nom, était le domaine des comtes de Ponthieu; il changea donc de maîtres aussi souvent que cette contrée, et subit les mêmes vicissitudes. Des mains des comtes de Ponthieu, il passa par alliance dans la maison royale d'Angleterre (1); réuni à la couronne de France en 1369, il fut cédé aux ducs de Bour-

(1) Parmi les pièces concernant ce château, principalement, et la ville d'Airaines, on pourrait consulter celles qui se trouvent renfermées dans les archives de la tour de Londres, et notamment celles existant entr'autres à Chepter-House-Library, consignées sous les titres :

Works at Araines, 1306. (Liasse 1, 5).

Araines, Cressy, et Chalenges et objections taken to the accounts of the receivers. (L. 1. 43.)

gogne, puis réuni de nouveau et définitivement à la couronne de France le 17 janvier 1477. Il eût pour dernier propriétaire, avant d'être vendu comme bien national, Charles X, alors comte d'Artois et de Ponthieu.

CHATEAU DES SIRES D'AIRAINES. — Ce château, propriété des sires ou barons d'Airaines, situé à peu près au centre de la ville, est presque totalement détruit; il ne reste plus des anciennes constructions que le pont-levis défendu par deux tours octogones, assez bien conservées et rebâties depuis 1589 sur les fondations des anciennes par le connétable de Luynes. Ce château, ainsi que l'autre, essuya toutes les chances de la guerre; pris et repris maintes fois, il fut détruit en 1422; quelques contructions de peu d'importance et que l'on peut faire remonter à cette époque. existent encore; on pourrait assigner cette date ou même une date antérieure à une espèce de poterne cintrée en ogive, située entre les tours dont nous venons de parler et un bastion, le seul qui soit conservé, dominant la partie basse de la ville. Au rez-de-chaussée de ces tours existent encore des cachots éclairés seulement par d'étroites meurtrières et fermés par des portes épaisses garnies d'énormes verroux. L'enceinte de ce château était de beaucoup plus restreinte que celle du château de Ponthieu, et les fossés moins profonds; il était en outre dominé par le quartier du Marché, ce qui devait nuire à sa défense.

Airaines possédait trois églises dont deux sont encore debout; celle de Saint-Denis et celle de Notre-Dame. L'église de Douriez sous l'invocation de Saint Riquier est détruite seulement depuis une trentaine d'années; la petite cloche qui s'y trouvait se voit encore dans le clocher de l'église Saint-Denis. Le mot de Douriez ne serait autre chose que l'abréviation du latin de Saint-Riquier, *Dominus Richarius*, dont les deux premières syllabes *do, ri*, sont devenues par corruption Douriez. Voici un fait à l'appui de cette assertion : à cette section d'Airaines prend naissance une route départementale ; cette route conduit d'Airaines à un autre Douriez (Pas-de-Calais) et traverse Saint-Riquier qui se trouve à égale distance des deux Douriez, lesquels ont pour patron Saint-Riquier.

ÉGLISE SAINT-DENIS. — Cette église, située au bout et dans l'axe même de la belle rue qui porte son nom, présente de la naissance de cette rue, sur la place de la Ville, un aspect vraiment pittoresque. Le clocher, qui n'appartient à aucun ordre d'architecture, mais dont la forme pyramidale sert d'avant-corps à l'édifice, s'élève assez majestueusement au-dessus des différents combles de l'église qui viennent se grouper en arrière d'une manière harmonieuse, et offre un coup-d'œil agréable.

Les différentes parties de cet édifice n'ont pas été construites en même temps; le chœur et le transsept ont été édifiés vers la fin du XVe siècle, quant à la nef ou ce qui en tient lieu, sa construction est d'une date plus récente. Le chœur dont le style architectural est le gothique orné qui a précédé la renaissance, est d'une régularité parfaite et éclairé par neuf belles croisées; les nervures des voûtes ainsi que les clefs pendantes sont sculptées et présentent différents dessins. Le transsept paraît avoir été construit peu après; les voûtes sont d'un travail moins achevé et les nervures s'appuient sur des consoles et des culs-de-lampe du style de la renaissance. La nef paraîtrait n'avoir été construite que provisoirement tant elle se trouve peu en harmonie avec les autres parties de l'édifice.

Les croisées du chœur et du transsept étaient ornées de vitraux représentant la vie de Jésus-Christ; ces vitraux avaient été peints en 1541, date encore conservée sur l'un d'eux. Le temps et la négligence ont presqu'entièrement anéanti cette œuvre dont les derniers débris sauvés de la destruction, suffisent pour faire connaître l'importance et le mérite. Le sanctuaire est pavé en marbre noir et blanc; le chœur pavé de même est séparé de la nef par une belle grille toute moderne. Les trois autels dont le maître-autel et les deux autres, dédiés l'un à la Sainte Vierge et l'autre à Saint Roch, sont ornés assez richement et s'harmonient parfaitement avec le reste de l'édifice. L'orgue, entièrement neuf, a une puissance de sons plus que suffisante pour l'étendue du vaisseau dans lequel il est placé; seulement une âme manque à ce bel instrument, un habile organiste.

Au résumé, cette église peut passer pour l'une des plus belles du diocèse, tant sous le rapport de son architecture que sous le rapport de l'ornementation ; le clocher lui-même renferme quatre cloches fondues en 1837, composant une sonnerie fort harmonieuse dont la voix grave est digne du rôle qui lui est confié, celui d'appeler les fidèles dans la maison de Dieu.

ÉGLISE NOTRE-DAME. — Cette église située rue du Prieuré, en face du château de Ponthieu, est connue vulgairement sous le nom d'église de l'*Abbaye*. L'attention des antiquaires s'est déjà plus d'une fois fixée sur ce monument ; ils ne s'accordent point sur l'époque de sa construction, car les uns la font remonter au Xe et les autres au XIe siècle seulement. Son portail, dont l'entrée à plein cintre, est formée de plusieurs boudins superposés, les voûtes également à plein cintre, l'épaisseur des piliers qui les supportent, la grossière sculpture des chapiteaux, l'exhaussement du cimetière contigu à cet édifice, exhaussement tel qu'il faut descendre quinze marches pour arriver au pavé de l'église ; tout, en un mot, assigne à ce monument une origine fort reculée, et peut être le premier rang d'ancienneté dans notre département.

Dans le transsept droit, on remarque une chapelle d'un autre style que le reste de l'édifice; cette chapelle renferme encore un autel antique en pierre soutenu par trois colonnettes octogones; on y voit également des pierres sépulcrales qui recouvraient les tombes d'anciens chevaliers. Ces pierres sont dans un tel état de dégradation, qu'il n'est plus possible de distinguer les inscriptions qui les entouraient. Seulement sur l'une d'elles on aperçoit un guerrier armé de toutes pièces; et j'ai pu y lire encore le mot *miles* écrit en caractères gothiques, mot qui, comme on le sait, prouve jusqu'à l'évidence que cette tombe renfermait les restes d'un homme de noble famille, d'un *chevalier*. Des fouilles que nous avons faites dans cette chapelle n'ont amené aucun résultat important, car ces tombes ont été fouillées sans doute déjà depuis longtemps: nous n'avons rencontré qu'un cercueil fait d'une seule pierre, creusée pour contenir le corps d'un enfant, et quelques ossements tellement friables qu'ils tombaient en poussière au moindre contact.

Les fonds baptismaux offrent une autre curiosité fort remarquable et digne au plus haut degré de l'attention des antiquaires. C'est un bassin rectangulaire à parois inclinées, de forme oblongue, creusé dans un seule pierre et qui servait à la cérémonie du baptême, quand ce sacrement s'administrait par immersion, car le fond de la cuve est percé d'un trou pour faciliter l'écoulement de l'eau. Les parois extérieures de cette pierre sont aussi inclinées, et offrent à chaque angle une colonnette torse, surmontée d'un chapiteau formé de monstres grotesques, différents pour chaque chapiteau. Cette pierre présente sur ses quatre faces des bustes d'hommes grossièrement sculptés ; les deux grandes faces ont chacune trois de ces hommes dont les bras sont entrelacés ; les deux petites faces n'en ont que deux ; un serpent ailé, connu sous le nom de dragon, et qui figure le démon, semble parler à l'oreille de l'un d'eux : ces figures symboliques, aux bras entrelacés, paraissent unir leurs efforts pour résister aux tentations de Satan. Cette œuvre remonte sans aucun doute à la naissance du christianisme, quand cette religion fut prêchée pour la première fois dans nos contrées.

D'après le cartulaire du prieuré Notre-Dame, contigu à cette église, cartulaire qui date de 1532, il y avait alors dans le clocher *trois bonnes cloches* faites des deniers dudit prieuré, et dans l'intérieur de l'édifice *plusieurs ornements somptueux, plusieurs images bien décorées et plusieurs autres meubles et ornements.*

Cette église classée aujourd'hui parmi les monuments historiques du département, n'a encore eu qu'une part bien minime aux largesses du gouvernement, et cependant très peu y ont des droits si bien acquis.

PRIEURÉ NOTRE-DAME. — Le prieuré est compris dans une enceinte de murailles qui lui est commune avec l'église Notre-Dame. D'après le cartulaire de ce prieuré, il dépendait du monastère et prieuré de St.-Martin-des-Champs de Paris, de l'ordre de Cluny, l'une des congrégations de l'ordre de St.-Benoît.

Le prieur, dit ce cartulaire, avait « toute justice et seigneurie, haute (1), moyenne et basse en son dit prieuré. Il possédait, tant en la ville d'Araynes qu'au pays environ, plusieurs sujets et tenances qui lui doivent censives (2) et redevances, lesquels hommes et tenants donnent autant de relief (3) qu'ils doivent de cens (4) par an, sauf les héritages qui sont situés dans *la ville et banlieue d'Araynes* dont par privilége et coutume locale *le mort saisit le vif.* »

(1) La haute justice connaissait de tous les crimes emportant aujourd'hui la peine capitale, tels que meurtres, assassinats, le viol, l'incendie, le vol à main armée, etc., et donnait le droit à ceux qui l'exerçaient d'avoir des fourches patibulaires, des piloris, des prisons, un bourreau. — La moyenne justice avait dans son ressort tous les délits qui sont de l'attribution de la police correctionnelle : les délits les moins graves, les moins répréhensibles, et qui n'entraînaient que de légères amendes étaient du domaine de la basse justice.

(2) Censives, rente en argent ou en denrées.

(3) Le relief et le chambellage, droits en argent que le vassal payait à son seigneur dans certains cas de mutations de la propriété inféodée.

(4) Le cens, rente annuelle et foncière, à laquelle on ne pouvait se soustraire qu'en abandonnant l'immeuble.

« Ledit prieuré s'étend en un chef-lieu sénéchal exempt de la justice et seigneurie de la ville d'Araynes, a grand, spacieux enclos environné de murailles, auquel enclos est construite et édifiée une église voûtée de toutes parts. »

Il paraît, d'après la nomenclature des redevances inscrites sur ce cartulaire, que les moines d'alors ne dédaignaient pas la bonne chère, puisque le total des revenus du prieuré, non compris la dîme ni les fiefs, est ainsi détaillé : « Le total de tous les cens et cotteries prédéclarées est de 40 livres tournois, 4 sous et 40 *chapons* tous prisés 5 sous pièce, et 14 *poules* à 2 sous 6 deniers pièce, et un septier d'avoine de 20 sous, font 12 livres 15 sous tournois, qui font en tout 53 livres pour 34 masures et 500 journaux de terres en cotteries sans les fiefs. » Le prieuré percevait, outre certains droits dans les deux paroisses d'Airaines tel que le droit de travers (1), le tiers des laines et agneaux de la paroisse Saint-Denis, la même dîme entière sur la cure et paroisse Notre-Dame « sans que le curé dudit lieu y ait ou prenne aucune chose, et pareillement appartient audit prieuré tout le droit de dixme de cochon, oison et autres bêtes et bétail venant et échéant en la dixme ès-dites paroisses d'Araynes. Appartient encore audit prieuré la totale dixme des

(1) Le droit de travers se percevait sur les marchandises en transit dans la ville.

chanvres, bouquets, lins, poires, pommes, pois, fèves et autres grains et fruits venant à moisson, par tous les manoirs et jardins dudit Araynes, ledit droit tel que huit du cent comme des terres champêtres d'Araynes, duquel droit de dixme est fermier sieur Bastien de Machy, prêtre, avec le droit de dixme de Courchon plus loin déclaré. »

Ce même prieuré avait également le droit de dîme entière sur la paroisse du Quesnoy et de dîme partielle sur les paroisses d'Allery, de Mérélessart, de Métigny, de Croquoison, de Vergies, de Frétecuisse, d'Etréjust, de Fresneville, etc., et sur un fief nommé le fief de Metz appartenant à l'église collégiale de Longpré-les-Corps-Saints.

La maison qui servait de demeure au prieur existe encore : la construction de cette maison remonte au moins au commencement du XVIe siècle, puisqu'il en est question dans le cartulaire. Les appartements en sont très vastes, et renferment des cheminées aux proportions grandioses, relativement surtout aux proportions mesquines de nos cheminées modernes.

HOSPICE. — Au milieu de la rue qui porte son nom s'élève l'hospice. Les constructions en sont régulières ; elles consistent en un corps de logis faisant face à l'entrée principale, accompagné de deux ailes en retour. L'espace compris entre ces bâtiments est occupé par un parterre arrangé avec goût. Au centre des bâtiments se trouve la chapelle sous l'invocation de saint Nicolas. Les revenus de cet établissement s'élevaient à 15,000 francs environ ; mais depuis quelques années les communes d'Hornoy, de Saint-Maulvis et de Longpré ayant obtenu la distraction des biens qui leur appartenaient, ce chiffre est descendu à une dixaine de mille francs.

Cet hospice est régi par une administration composée de cinq membres présidée par le maire. Deux religieuses de l'ordre de l'Immaculée-Conception dirigent l'intérieur de l'établissement, et administrent aux vieillards et aux malades les secours que ces saintes filles sont habituées à prodiguer à tous les infortunés. Les secours que distribue cet établissement sont de deux sortes : secours à domicile dans la commune, et secours aux vieillards et infirmes qui résident dans l'hospice. La population de cet hospice est aujourd'hui de quinze hommes et de dix femmes. Je ne puis donner sur cet établissement aucun détail historique quant à sa fondation, car, sachant qu'il existait parmi les archives des documents remontant à une époque assez reculée, aux XIVe et XIIe siècle, j'avais prié M. le maire, comme président de l'administration, de m'autoriser à y faire des recherches, même en présence d'un surveillant, si on l'exigeait. Voici la réponse textuelle qui m'a été faite par ce fonctionnaire :

« Airaines, le 7 août 1851.

» Monsieur le docteur Machy,

» J'ai l'honneur de vous informer que j'ai mis sous les yeux de la commission *hospitalière* votre demande *tendante* à obtenir l'autorisation de faire des recherches dans les archives de l'hospice, mais cette demande a été repoussée *par* des considérations motivées dans sa délibération. Toutefois si vous aviez besoin d'une pièce *existante* dans ces mêmes archives, vous *pouvez* la demander nominativement, il vous en sera délivré copie, autant néanmoins que cette délivrance ne pourrait devenir nuisible aux intérêts de l'établissement.

» Je vous présente, Monsieur, mes très humbles civilités,

» COPPIN. »

Cette réponse serait plutôt digne et pour le fonds et pour la forme, du chef d'une tribu de Bédouins ou d'Iroquois, que du maire d'un pays civilisé.

Airaines possède une très belle et vaste halle pour les grains ainsi qu'une autre halle presque aussi vaste destinée spécialement à la vente des toiles. Ces deux halles ont été bâties avant la révolution de 1789 par les ducs de Luynes et de Chevreuse auxquels appartenait alors la seigneurie d'Airaines; leurs héritiers en sont restés les propriétaires jusqu'au 30 avril 1816, époque à laquelle une ordonnance royale en consentit l'acquisition. Cette acquisition fut faite sur la proposition de M. Tripier, alors maire d'Airaines, moyennant la somme de 6,573 francs pour prix de ces halles, celle de 5,207 francs pour la location depuis le 10 juin 1790, plus celle de 500 francs pour prix des ustensiles de pesage, etc., et pour frais d'expertise.

On remarque encore à Airaines des établissements qui manquent à beaucoup de villes bien plus importantes, ce sont des lavoirs publics ; on en compte quatre dans différents quartiers; mais le plus important est celui connu sous le nom de *Fontaine Gillette*. Ce lavoir est alimenté par une eau limpide qui prend sa source en cet endroit. Ces lavoirs sont couverts en ardoise, dallés en marbre de Boulogne et tenus avec une propreté irréprochable. Celui qui vient après pour l'importance, dit la *Fontaine chioire*, est situé sur le sentier appelé *Tour de la ville*. Parmi les deux autres, l'un placé proche de la *Fontaine aux malades*, s'appelle la *Cressonnière ;* ce nom lui vient sans doute du cresson qui croît en abondance en cet endroit : l'autre est situé dans la *Vieille chaussée de Paris*, près du pont connu sous le nom de *Pont de l'Abbaye*.

CHAPITRE IV.

COUP-D'OEIL TOPOGRAPHIQUE.

Au milieu d'une belle et riche vallée, arrosée en cet endroit par trois petites rivières qui se fondent en une seule, pour former l'Airaines, l'un des affluents de la Somme, et sur le versant des deux côteaux qui enclavent cette vallée, est situé Airaines. Cette ville est coupée en tous sens par diverses routes qui lui donnent un mouvement de circulation fort important.

La route nationale de Paris à Calais traverse notre localité dans un espace de deux kilomètres environ ; cette route s'y trouve croisée par la route départementale d'Amiens à Eu qui a un parcours presqu'aussi étendu que la précédente ; une autre route départementale, celle d'Airaines à Fienvillers, y prend naissance et établit une communication entre notre pays et la station du chemin de fer de Boulogne, à Longpré, situé à six kilomètres. Il faut ajouter à ces routes les chemins vicinaux de grande communication d'Airaines à Douriez en Artois, d'Airaines à Conty, à Liomer, à Aumale et à Senarpont. Telles sont les voies de circulation qui contribuent à la prospérité de notre petite ville, située à vingt-huit kilomètres d'Amiens et dix-neuf d'Abbeville. Son éloignement de ces deux villes en fait un centre dont les marchés hebdomadaires y attirent les populations des villages circonvoisins, et la placent au premier rang des communes rurales du département.

Lors de la division de la France en départements, en arrondissements et cantons, Airaines fut le chef-lieu désigné à l'avance de l'un des cantons du département, tant par son importance relative que par sa situation, et ce ne fut que par une basse intrigue, par une injustice notoire, que quelques années après il fut déshérité de ce titre, transféré depuis à une localité qui n'offre aucun des avantages que possède notre pays. Ce fait est tellement saillant que tout étranger qui visite Airaines s'étonne quand on lui répond que notre chef-lieu est Molliens-Vidame, village situé au fond d'une vallée en forme d'entonnoir où il est fort difficile d'aborder, pays sans industrie, sans commerce; si l'on joint à cela que de tous les chefs-lieux de canton du département le nôtre est le moins populeux (800 âmes à peine), on se demande avec raison pourquoi notre ville a perdu cet avantage. Molliens n'a qu'une seule chose qui milite en sa faveur, sa position plus centrale, tandis qu'on argue contre Airaines sa position presqu'à l'extrémité du canton. Comme on le voit, cet argument est bien faible, car beaucoup de chefs-lieux de département, d'arrondissement, voire même de canton, sont dans le même cas; ce n'est là qu'une question d'influence. En retranchant de notre canton deux ou trois des communes les plus éloignées d'Airaines, nous rentrerions dans la catégorie ordinaire des chefs-lieux, à la plupart desquels, on n'a pas appliqué ce problème de géométrie : *une circonférence étant donnée, en trouver le centre.* Car dans ce cas, il y aurait à faire un remaniement général de tous les chefs-lieux. Donc, en restituant à Airaines ce titre, ce ne serait que justice.

CHAPITRE V.

COMMERCE, INDUSTRIE, MARCHÉS.

Les trois petites rivières qui traversent Airaines donnent le mouvement à un grand nombre d'usines qui alimentent une branche considérable de commerce, la fabrication des huiles : ainsi, on compte à Airaines seulement, douze moulins à huile. Ces cours d'eau mettent également en mouvement six moulins à farine qui suffisent et au-delà aux besoins de la population.

A la fabrication des huiles vient se joindre une branche de commerce bien plus importante, la fabrication des toiles. Longtemps cette industrie fut bornée à une spécialité, celle des toiles à sacs connues dans le commerce sous le nom de *toiles d'Airaines*, quoique fabriquées non-seulement dans cette localité, mais dans un grand nombre de communes voisines, dans un rayon de trois à quatre lieues; aujourd'hui la fabrication s'est étendue, et on tisse dans notre ville toutes sortes de toiles. Ces deux industries qui sont les principales, suffisent pour donner du pain à nos ouvriers, et pour les entretenir dans une certaine aisance, qui, si elle n'est pas la richesse, est au moins le bien-être.

Depuis bientôt deux ans, un nouvel établissement s'est formé à Airaines, une peignerie de laines; cette industrie nouvelle dans notre pays, jointe à celles dont je viens de parler, ne peut qu'accroître sa prospérité.

Une grande partie de notre population se livre aux travaux agricoles, car, outre le territoire qui est déjà d'une assez vaste étendue, puisqu'il occupe 1682 hectares, nos cultivateurs empiètent encore sur les territoires limitrophes; aussi, il se fait chez nous un commerce considérable de céréales, et de graines fourragères, telles que luzerne, trèfle et minette.

Ces diverses branches d'industrie de notre ville trouvent leur écoulement dans les marchés qui y ont lieu tous les vendredis; le 2e vendredi du mois, il s'y tient un franc-marché pour toutes sortes de bestiaux, excepté les chevaux : un marché spécial pour cette vente manquait à notre localité, nous venons d'obtenir la création de ce marché qui aura lieu le 3e vendredi de chaque mois.

Quatre foires viennent s'ajouter encore à ces marchés : elles se tiennent le jour du Vendredi-Saint, le 16 mai, le 1er octobre et le 23 novembre; cette dernière foire, dite la St.-Clément, dure deux jours à partir de l'an dernier. Les deux foires du 16 mai et du 1er octobre se tiennent sur la place de la Ville, les autres foires et marchés sur la place du Marché.

Au moment où nous écrivons ces lignes, il se fonde à Airaines un établissement très important, qui va donner un nouvel essor à notre commerce et à notre industrie. Une maison de Paris, sous la raison sociale *Yvos et Gauvin*, vient de contracter un bail de dix années, pour la location des bâtiments et du terrain qui lui sont nécessaires pour la fabrication de toute espèce de toiles; cette maison y joindra en outre la fabrication d'articles de Rouen. C'est donc avec un sentiment d'allégresse bien vive, que je consigne ici cette création d'un établissement qui rendra à notre pays une partie de son ancienne importance.

CHAPITRE VI.

CONSTITUTION ADMINISTRATIVE.

Comme je viens de le dire plus haut, Airaines a pour chef-lieu de canton, Molliens-Vidame, pour chef-lieu d'arrondissement et de département Amiens. Il est à son tour le chef-lieu d'un contrôle des contributions directes (1), et d'une perception ; il possède aussi des receveurs à cheval des contributions indirectes de 1re classe, un conducteur des ponts-et-chaussées, une brigade de gendarmerie à cheval, un bureau de poste aux lettres, une poste aux chevaux ; c'est encore un gîte d'étape pour les troupes : deux notaires et un huissier viennent s'ajouter à cette nomenclature de fonctionnaires publics.

(1) Le contrôleur ne réside pas à Airaines, mais on pourrait exiger qu'il y eut sa résidence.

CHAPITRE VII.

CONSTITUTION RELIGIEUSE ET MORALE.

Le culte catholique est représenté à Airaines par un curé inamovible de deuxième classe, et un vicaire qui suffisent pour desservir les deux églises.

Airaines était autrefois le chef-lieu de l'un des huit doyennés de l'archidiaconé de Ponthieu ; les sept autres étaient : Abbeville, Montreuil, St.-Riquier, Rue, Labroye, Gamaches et Oisemont. J'ai cru bien faire en donnant la nomenclature des paroisses qui faisaient partie du doyenné d'Airaines, et en ajoutant pour quelques unes, des détails historiques.

Ce doyenné comprenait cinquante-huit paroisses, savoir :

AIRAINES.

ALLERY. Ce village possédait, comme tant d'autres communes, un château fortifié dont il ne reste aucune trace; en 1615, Lefort de Fermembrun, seigneur d'Allery, prit parti pour le duc de Longueville, gouverneur de la Picardie, contre le maréchal d'Ancre. Ce seigneur amassa dans son château des armes qu'il fit passer au duc. Le maréchal en ayant été informé, mit des cavaliers à sa recherche; le château fut fouillé, mais on n'y trouva que trois arquebuses de chasse. Fermembrun se voyant découvert résolut de rejoindre le duc de Longueville, mais il voulait ruiner avant son départ toutes les fermes et manoirs des officiers municipaux d'Abbeville. Le 1er octobre de la même année, il ouvrit les hostilités avec une soixantaine d'hommes; mais le lendemain il fut attaqué, et périt avec la plupart de ses compagnons près du bois d'Hallencourt.

ANDAINVILLE. Parmi les hommes célèbres qui naquirent dans le Ponthieu, Saint Gautier occupe l'une des premières places par ses belles qualités : il joignait à une grande éducation, une charité sans bornes, et une piété sans ostentation; ses vertus le firent regretter des grands de son temps. Ce saint naquit à Andainville, on ignore en quelle année; seulement on sait qu'il vivait sous Philippe Ier, vers l'an 1095. Ce fut lui qui fonda l'abbaye de Berteaucourt-les-Dames, près de Domart.

ARGUEL. On voit encore à Arguel quelques débris de l'ancien château, qui fut détruit en 1402, lors du siége que les Français en firent. Les Anglais s'en étaient emparés pendant la captivité du roi Jean, qui était leur prisonnier. Ce village a perdu beaucoup de son importance, puisqu'il fut le siége d'un bailliage prévotal, et qu'il compte aujourd'hui à peine cent habitants.

SAINT-AUBIN-RIVIÈRE.

AUMATRE.

AVELESGE.— Ce village donna un bailli à la ville d'Amiens, en 1470, Artus de Longueval, seigneur d'Avelesge.

AVESNES. — La famille de Calonne qui possède encore cette terre, en était déjà propriétaire vers le milieu du XVIe siècle.

AUMONT.

BASINCAMPS.

BELLOY-SAINT-LÉONARD.

BETTENCOURT.

BEZENCOURT.

LE BOISRAULT.

BOULAINVILLERS.

BROCOURT.

CONDÉ.

LE CHAUSSOY.

LES COREAUX.

DROMESNIL.

DREUIL-LÈS-AIRAINES. — Ce village dont la

population est de 500 âmes environ, peut être considéré comme un faubourg d'Airaines, puisque les maisons de ces deux communes sont contiguës; ses usages, ses besoins sont les mêmes ; les familles s'allient fréquemment ensemble; ces deux communes, en un mot, n'en forment pour ainsi dire, qu'une seule ; et on peut avec raison ajouter le chiffre de la population de Dreuil à celui d'Airaines, ce qui porte à 2,600 âmes cette population agglomérée.

Dreuil a vu naître, au commencement du siècle dernier, l'abbé Boutillier, professeur de belles-lettres à l'université de Paris.

ÉPAUMESNIL.

ÉTRÉJUST.

LE FAYEL.

FAY-LÈS-HORNOY.

FRESNOY.

FRESNEVILLE. — L'un des seigneurs de Fresneville, Jean du Gard, fut élu mayeur d'Amiens en 1372.

FRETTECUISSE.

FOLIE.

FONTAINE-SUR-SOMME.

SAINT-GERMAIN-SUR-BRESLE. — L'église de ce village est bâtie à l'endroit même où saint Germain, dit l'Ecossais, fut tué, l'an 480. Le tombeau de ce saint se voit encore dans cette église sous le maître-autel.

HALLENCOURT.

HANGEST-SUR-SOMME.

HERMILLY.

HEUCOURT.

HORNOY.

INVAL.

LALEU. — Cette commune possédait un prieuré fondé par les sires d'Airaines : le prieur concourut à la rédaction des coutumes d'Amiens, en 1567 ; il prenait sur la paroisse de Mérélessart, la même dîme que le prieur d'Airaines.

Les sires de Gamaches jouissaient dans cette commune de droits assez bizarres : ainsi, le jour du Bouhourdis, l'un de ses vassaux de ce village, devait présenter à ses officiers, dans le village même, un arc, deux flèches, un geai, une boule et une paire de gants. Ils y avaient en outre une prérogative bien infâme, et qui peut faire juger combien était grand l'état d'avilissement dans lequel nous, pauvres serfs, nous étions tombés, je veux parler du droit nommé le droit de cullage, qui consistait en ceci : le nouveau marié devait céder au seigneur de Gamaches, sa femme pendant la première nuit des noces ; il ne pouvait racheter ce droit honteux qu'au prix de concessions fort onéreuses.

LIERCOURT. — Je ne parlerai point du camp romain connu sous le nom de camp de César qui existe dans cette commune ; Je dirai seulement que le duc de Mayenne, chef de la Ligue, y campa avec ses troupes en 1589, peu de jours avant la bataille d'Arques où Henri IV le défit complétement.

SAINT-LIÉNARD.

LIOMER.

LONGPRÉ-LES-CORPS-SAINTS. — Ce village fut surnommé les Corps-Saints à cause de la quantité de reliques qui étaient déposées dans l'église. Ces reliques y avaient été envoyées par Aléaume de Fontaine, seigneur de Longpré, vaillant chevalier qui fut mayeur d'Abbeville. Ce chevalier vivait sous Philippe-Auguste, et prit part à la croisade en 1190 : après s'être signalé dans la plupart des combats, qui furent livrés dans la Palestine, il revenait en Europe quand il mourut à Constantinople. Mais il avait envoyé auparavant un grand nombre de reliques à Longpré, pour être déposées dans l'église que lui et sa femme y avaient fondée et dotée richement. La translation de ces reliques de Constantinople à Longpré eut lieu le 4 août 1206; à ces reliques étaient attachés trois mille huit cent quatre-vingt-cinq jours d'indulgence par an.

Il y avait dans cette église collégiale trois dignités principales : le doyen, le chantre et le trésorier; il y avait en outre douze chanoines, deux curés, six chapelains, les enfants de chœur et leur maître. De l'ancienne église, il ne reste plus qu'une partie du portail.

SAINT-MAULVIS. — Il y avait dans cette commune une commanderie de l'ordre de Malte; c'est par les soins des chevaliers qu'avait été construite l'église qui s'écroula, il y a quelques années, et dont il ne reste que le clocher.

MÉRÉLESSART.

MERICOURT-EN-VIMEU.

MÉTIGNY.

MONTAGNE.

LE QUESNOY-LÈS-AIRAINES. — J'ai déjà parlé du droit de dîme que le prieur de Notre-Dame d'Airaines, avait en la paroisse du Quesnoy; il percevait en outre les deux tiers des offrandes et oblations faites en cette paroisse, tant en l'église qu'en la chapelle du cimetière, les jours de Pâques, Noël et de la Purification, soit en argent, pain, cire, ou autre chose offerte *et baillée pour offrandes ès-dits jours*. Mais en revanche, à raison des droits que le prieur possède sur le territoire et sur la seigneurie du Quesnoy, il est tenu « par lui ou son commis, d'aller célébrer la grand'messe en l'église dudit lieu du Quesnoy le jour du patron de cette église, qui était anciennement le jour saint Vaast; et pour le présent (1532), et depuis soixante ou quatre-vingts ans ladite fête et solennité se fait le pénultième jour de septembre, jour de Monsieur saint Michel, auquel jour le curé dudit lieu du Quesnoy, après la messe dite et célébrée, est tenu de donner à dîner audit prieur ou son commis et à son clerc, hommes tenants selon que le jour le requiert. » (*Cartulaire du Prieuré.*)

RIVIÈRE. — Cette commune posséda autrefois un hospice qui fut transféré à Airaines.

SELINCOURT — Il existait dans ce village une riche abbaye, fondée en 1131 par Gautier Tyrrel, sire de Poix. Le monastère fut construit par le bienheureux Milo, fils du seigneur de Selincourt, et né dans ce village ; il fut fait évêque la même année, occupa successivement les siéges de Thérouanne et de Boulogne ; il fut aussi le premier abbé de Dommartin de l'ordre de Prémontré ; il était cité comme l'un des hommes les plus éminents de son siècle, et classé au premier rang ; on disait alors : *in Bernardo* (saint Bernard) *charitas; in Norberto* (saint Norbert) *fides; in Milone humilitas.* Il mourut le 16 juillet 1158. L'église de ce monastère fut dédiée à saint Pierre ; on y conservait dans un reliquaire de cristal une sainte larme que Bernard de Soissons, seigneur de Moreuil, avait rapportée de Constantinople.

THIEULLOY-L'ABBAYE.

TRONCHOY.

VALLINS.

VERGIES.

VRAIGNES.

VIEULAINE.

VILLERS-CAMPSART.

WARLUS.

Il y avait en outre dans le doyenné d'Airaines la riche abbaye de Saint-Pierre de Selincourt dont je viens de parler, et trois prieurés; ceux d'Hornoy, de Laleu et de Notre-Dame d'Airaines.

Revenons maintenant aux éléments d'instruction qui se trouvent à Airaines ; il reste beaucoup à faire pour que l'éducation y soit portée, non à la perfection, mais seulement à des limites médiocres : ce n'est pas que les maîtres y manquent puisque l'instruction y est représentée par un maître de pension, deux instituteurs communaux, deux maîtresses de pension et deux sœurs de la Providence ; il faut attribuer le manque d'éducation à l'apathie, à l'indifférence, je dirai plus, au mauvais vouloir des parents.

Chez nous l'influence de la religion se fait sentir dans certaines limites seulement ; c'est plutôt une affaire de mode, d'imitation, de calcul, qu'une affaire d'entraînement ou de conviction : chez ceux-ci il y a affectation de piété, de dévotion, ce n'est qu'un masque d'hypocrisie qui sert à cacher bien des vices ou des défauts ; chez ceux-là, il n'y a pas intention de tromper, mais ils ressemblent aux moutons de Panurge; il suffit qu'un premier fasse le saut pour entraîner les autres. En somme, il y a plutôt parmi nos concitoyens calcul ou superstition, qu'une véritable dévotion. Les jeunes gens, surtout, devraient un peu mieux pratiquer cette sage maxime : *Honore tes parents ;* car l'amour filial n'est point fort développé ; cela tient un peu au défaut d'éducation que les parents eux-mêmes ne cherchent point à procurer à leurs enfants. Ceux-ci ont une liberté trop grande, un laisser-aller qui touche à la négligence, car ils arrivent à peine à l'adolescence qu'on les laisse fréquenter les cafés, cabarets et guinguettes dans lesquels il règne un pêle-mêle des deux sexes, qui devient nécessairement la source de mauvais penchants. De là des mariages prématurés qui n'atteignent point le but de cette institution, la propagation de l'espèce ; car tout le monde sait que le libertinage, la débauche ou des excès précoces nuisent essentiellement à la faculté génératrice. Aussi voyons-nous rarement, à notre époque et dans notre localité, ces familles vraiment patriarcales où les enfants se comptaient par dix et douze, tous robustes et pleins de santé. A cet égard, voici une réflexion qui m'est venue bien souvent à l'esprit : les législateurs se préoccupent beaucoup et reviennent souvent à des discussions de projets ayant pour but les méthodes les plus avantageuses pour la propagation des meilleures espèces d'animaux domestiques ; les uns patronnent la race chevaline, les autres la race bovine, ceux-ci la race ovine ; il n'est pas jusqu'à la race porcine qui n'ait ses protecteurs ; mais quant à la race humaine, peu importe à ces messieurs son dépérissement.

Les habitants d'Airaines sont en général d'un

caractère gai, mais ils sont trop enclins à la moquerie, car la moquerie est souvent voisine de la méchanceté. On dit de notre pays aux alentours : *Airaines moqueur.*

Il règne aussi dans le caractère du plus grand nombre un fonds de superstition qu'il serait bon de déraciner ; on y croit encore aux revenants, aux feux-follets, aux sorciers et aux sortiléges, aux charlatans plutôt qu'aux médecins (soit dit en passant), aux amulettes, aux guérisseurs de maux incurables, etc.

La nuit qui suit la Toussaint, le clocheteur de la confrérie de Saint-Roch (1) parcourt tous les quartiers en sonnant ses clochettes et criant à chaque instant : « Réveillez-vous, bonnes gens qui dormez, priez Dieu pour les âmes trépassées. » Saint Roch est en telle vénération qu'il est l'objet d'une espèce de culte et placé dans l'esprit de bien des gens au-dessus de la Sainte-Vierge, à l'égal de Dieu lui-même.

Quoi qu'il en soit, il est juste de reconnaître que notre pays tend à progresser; la preuve en est dans la création d'un corps de musique qui a été inauguré à peu près en même temps que la République actuelle ; c'est là une marque de civilisation et l'un des moyens les plus efficaces pour dégrossir, pour polir les caractères les plus abrupts;

(1) Cette confrérie de St.-Roch a pour mission de porter les morts en terre.

aussi une administration bien entendue, doit encourager autant qu'il lui est possible, tous les efforts qui tendent à populariser un pareil délassement. Ce serait entrer dans l'esprit d'un décret tout récent sur les cafés et cabarets, car il vaut mieux consacrer ses loisirs à l'étude de ce bel art, qu'à la fréquentation des cabarets, dans lesquels l'artisan consomme souvent en quelques heures, ce qui suffirait pour nourrir sa famille pendant plusieurs jours, en même temps qu'il ruine par des excès sa santé, si nécessaire pour son travail.

Graces soient donc rendues au créateur de cette musique, M. Desenclos, à cet excellent chef, qui, malgré les difficultés sans nombre qu'il rencontra, sut faire de ce corps de musique une musique militaire qui, de l'aveu de tous ceux qui l'ont entendue, n'a guère de rivales parmi celles qui s'organisent dans quelques communes rurales ! Cette musique, avant la dissolution de la garde nationale, appartenait à l'état-major du bataillon communal d'Airaines. Cet état-major d'une assez belle tenue, était composé de vingt-six officiers, mais il n'avait point de soldats à commander, excepté une compagnie de sapeurs-pompiers.

Pendant tout le cours de cet hiver, nous avons joui, d'un délassement qui, comme la musique, contribue pour beaucoup à la civilisation et à l'adoucissement des mœurs, je veux parler des représentations dramatiques, qui nous ont été données par la petite troupe d'acteurs vraiment remarquables, dirigée avec habileté par M. Dousset. J'ai remarqué avec plaisir dans notre population un signe de progrès, puisque la salle, quoique spacieuse, suffisait à peine pour contenir la foule qui désertait les cafés et cabarets, pour assister de préférence à ces représentations.

CHAPITRE VIII.

CONSTITUTION MÉDICALE ET HYGIÉNIQUE.

Airaines, situé partie dans une vallée, et partie sur les côteaux qui bordent cette vallée, est sujet, vers le milieu de l'automne, à des brouillards qui développent assez fréquemment des coryzas et des rhumes de poitrine. Son voisinage des côtes de la Manche, distante de huit lieues, rend les vents d'ouest très fréquents et les changements de température fort brusques, aussi il n'est pas rare de voir succéder à une journée fort chaude et soumise à une température élevée, une autre journée d'une température glaciale. Malgré ces inconvénients, il n'y a pas chez nous, à vrai dire, de maladies inhérentes au sol ; notre pays peut même passer pour très sain, comparativement aux villages voisins ; la propreté assez générale dans laquelle se tiennent les habitants est sans doute l'une des causes qui déterminent cette différence en notre faveur. Notre ville n'a cependant pas échappé aux visites du choléra dans ses pérégrinations de 1832 et 1849; mais quelle est la localité qui puisse se dire à l'abri de ce fléau, dont la course vagabonde semble avoir lieu par ricochets, et déroute les recherches des savants?

La durée moyenne de la vie y est assez longue; cependant nous n'avons point, que je sache, de centenaires à enregistrer sur nos tables de longévité; mais on y voit bien souvent des vieillards dépassant quatre-vingt-dix ans. Je crains que de longtemps nous n'ayons même plus des vieillards de cet âge, car la génération actuelle ne nous offre point une population bien robuste. Une des causes de la débilité des enfants et de la stabilité de la population tient à ce que les parents, dans la classe si nombreuse des tisserands, mettent leurs enfants dès l'âge de onze à douze ans dans les métiers à tisser; de là des êtres chétifs et rabougris qui en procréent encore à leur tour de moins robustes qu'eux-mêmes.

CHAPITRE IX.

ENCEINTE D'AIRAINES ET POPULATION.

L'enceinte actuelle d'Airaines diffère peu de l'ancienne, qui pourrait être circonscrite ainsi qu'il suit : prenant pour point de départ l'endroit où était située la porte du Marché, au point d'intersection du sentier appelé Tour-de-la-Ville, et de la rue de la Porte-du-Marché, les remparts suivaient ce sentier jusqu'aux fossés du château de Ponthieu, lesquels fossés continuaient ceux de la ville jusqu'à la rue des Buttes, pour de là longer la rue du Prieuré jusqu'à la porte Notre-Dame, située au point de jonction des rues de l'Abbaye, des Fossés-Notre-Dame et du Prieuré. De la porte Notre-Dame, les fossés suivaient la rue qui porte ce nom jusqu'au moulin, dit le Moulin-de-Haut, compris dans l'enceinte qui se continuait, en suivant la vieille chaussée de Paris, jusqu'à la rue des

Fossés-Saint-Denis. Les murs du cimetière de cette paroisse paraissent avoir formé la ceinture de l'enceinte qui se continuait par la rue de Courchon jusqu'à la rue de la Fontaine-aux-malades ; de là elle passait derrière les jardins de la rue du Boisle, pour aller regagner la rue Pâquet-le-Greux, et aboutir à la naissance de la rue des Mareyeurs qui, elle-même, va rejoindre le sentier du Tour-de-la-Ville. Ainsi, comme on le voit, on ne pourrait ajouter à cette nomenclature que quelques bouts de rues, et la section de Dourier pour former l'enceinte actuelle ; ces quartiers neufs peuvent être considérés comme les faubourgs d'Airaines.

La justice d'Airaines, c'est-à-dire le lieu où se pratiquaient les exécutions des jugements contre les criminels, était située hors de cette enceinte, au sommet de l'angle formé par la rue d'Amiens et le chemin de Riencourt.

Airaines est généralement assez bien bâti, les rues en sont larges, mais peu sont régulièrement alignées; les plus belles sont la place de la Ville, qui peut être considérée comme une rue, la rue Saint-Denis et la rue du Cerf. La place du Marché est vaste, irrégulière, entourée de maisons, parmi lesquelles on en remarque quelques-unes assez bien construites; les deux halles dont j'ai déjà parlé occupent une partie de cette place. A la halle aux toiles est jointe une salle de bien chétive apparence qui sert de mairie. J'ai déjà émis une proposition qui avait pour but de construire sur le même emplacement un local qui fût digne de servir d'Hôtel-de-Ville; mais le maire actuel se voyant en minorité, agit en véritable despote, et refusa de mettre aux voix ma proposition, par le seul motif qu'elle lui déplaisait.

L'étendue de la place suffit aux besoins des marchés ordinaires de l'année, elle devient seulement trop restreinte le jour de la foire de la Saint-Clément, et il serait bon que ce jour-là on fit descendre les bestiaux sur la place de la Ville. Quant aux autres places, il est inutile d'en faire mention, leur importance étant de peu de valeur puisqu'elles ne sont le siége d'aucun marché.

La population d'Airaines n'a guère varié depuis quelques années, comme on peut s'en assurer par les recensements officiels; le recensement de 1841 donna pour chiffre total de la population 1967 habitants; le recensement quinquennal suivant, celui de 1846, présenta une augmentation de 113 habitants, puisque le chiffre total était de 2080. Le dernier recensement, celui de 1851, donna pour résultat 2061 habitants; voici, du reste, le détail de ce recensement :

Nombre des maisons habitées. . . 557 (1)
— des ménages 599

(1) Le nombre total des maisons est de 643, habitées et non habitées. Vers les premières années de la République de 93, on numérota les maisons; le nombre était alors de 409; depuis ce temps il y a donc eu un accroissement notable dans les constructions.

Nombre des rues		36
— des places.		5
— des impasses		2

La population est répartie ainsi qu'il suit :

Sexe masculin.	Garçons	483	1,000
	Hommes mariés . .	449	
	Veufs	109	
Sexe Féminin.	Filles	469	1,022
	Femmes mariées . .	444	
	Veuves.	109	

Total de la population fixe 2,022

non compris la population flottante ainsi répartie :

Garçons	16	39
Filles	23	

Ce dernier chiffre est celui des jeunes gens des deux sexes habitant les pensionnats ; ce qui porte le chiffre total de la population à 2,061 habitants. La variation a donc été moindre dans la dernière période quinquennale que dans l'avant dernière ; il n'y a pour différence en moins que dix-neuf habitants. Si l'on songe aux diverses circonstances que nous avons traversées depuis 1846, on devra même s'étonner du peu d'importance de ce chiffre. Ainsi, déplacement de certaines industries par suite de l'abandon de la route nationale pour le chemin de fer, décès plus nombreux lors du choléra; telles sont les causes qui auraient dû produire une diminution bien plus forte sur le chiffre de notre population.

CHAPITRE X.

CONSIDÉRATIONS GÉNÉRALES.

On a dû voir dans le cours de cette notice que notre pays a eu une importance plus grande que celle dont il jouit de nos jours; mais Airaines, malgré sa décadence actuelle, n'en a pas moins encore des droits réels et bien fondés à être le chef-lieu d'un canton, par son importance relative, par sa situation sur plusieurs routes, par son commerce et par son industrie. Il fut, comme je l'ai dit plus haut, le chef-lieu d'un bailliage, et d'un doyenné dont les circonscriptions comportaient autant d'étendue que deux à trois de nos cantons. Des traces de cette division subsistaient même encore il y a peu d'années, puisque les gendarmes de la brigade d'Airaines avaient dans le rayon de leurs visites les communes les plus éloignées du doyenné d'Airaines, telles que Saint-Germain-sur-Bresle, Liomer, etc.; nos employés des contributions-indirectes comptaient également ces mêmes communes dans leur tournée. Airaines posséda enfin, lors de leur création primitive, et en même temps que des villes bien plus considérables, un bureau de poste aux lettres, un relais de poste aux chevaux, une brigade de gendarmerie, des employés des contributions-indirectes, un percepteur, un contrôleur, etc.; pourquoi donc a-t-il perdu la chose première, la condition essentielle de sa prospérité, l'un des moteurs de notre rouage administratif, le titre de chef-lieu de canton? Pourquoi en a-t-il été dépossédé? Pourquoi aussi, ne rentrerait-il pas en possession de ce titre qu'il avait acquis de prime-saut, et qu'il n'a perdu qu'en dépit de toute justice? Il faudrait pour cela reconquérir une partie de l'influence perdue, en plaçant à la tête de notre localité des personnes qui missent de côté leurs intérêts particuliers, et qui ambitionnassent les fonctions de maire, non point seulement pour leur propre satisfaction, mais dans l'intention plus noble et plus désintéressée, de réaliser tout le bien possible dans ce poste honorable. Il faudrait, pour cela, laisser livrés à leurs seules forces, ces brouillons, ces esprits haineux, dangereux surtout par leur hypocrisie, d'autant plus dangereux qu'ils se cachent dans l'ombre, d'où ils dressent leurs machinations perfides, à l'aide de pauvres hères, qui deviennent, sans le savoir, leurs instruments de méchanceté. En les abandonnant, la discorde qui règne malheureusement depuis trop d'années dans notre pays, ne causera plus de ravages; l'union qui fait la force, reprendra tout son empire ; le but que je viens de signaler, cessera bientôt d'être un mirage fantastique, qui semble reculer à mesure qu'on s'en approche, et deviendra une réalité.

Aujourd'hui plus que jamais, nous devons nous bercer de cet espoir, aujourd'hui que nous vivons sous l'égide d'un pouvoir fort, et par conséquent juste, d'un pouvoir, comme l'a si bien dit le Prince qui nous gouverne, recherchant, aimant à entendre la vérité, toujours inconnue des rois. Puisse l'aurore de ce gouvernement, saluée, acclamée d'une manière si unanime par tous les citoyens amis de leur pays, comme étant celle d'une ère de salut pour la civilisation, être aussi pour notre petite ville l'aurore d'une ère de justice et de prospérité !

La tâche que je viens de remplir, aurait pu sans doute laisser moins à désirer sous tous les rapports. Peut-être existe-t-il, chez certains habitants d'Airaines, d'anciens documents qui auraient pu donner plus d'attrait à cette courte esquisse ? Mais j'avouerai qu'ayant fait une seule épreuve dans ce but, auprès du premier magistrat de notre ville, la manière dont ma demande fut accueillie par celui-ci ne m'encouragea point à tenter de nouvelles démarches.

J'ai donc fait ce qu'il m'a été possible de faire, et je terminerai comme j'ai commencé en citant un ancien adage : *A l'impossible nul n'est tenu.*

APPENDICE.

Pour rendre complète la notice qui précède, il m'a paru convenable d'y ajouter la liste des fonctionnaires, des marchands et des industriels de notre petite ville. Si le temps use d'un peu de ménagements envers cette notice, et en laisse subsister quelques exemplaires, nos descendants pourront, à une époque plus ou moins éloignée, s'aider de cette liste, comparer le commerce et l'industrie d'alors à ceux d'aujourd'hui.

NOMENCLATURE

DES FONCTIONNAIRES ET EMPLOYÉS.

Conseil Municipal.

MM. Coppin, maire, rue d'Abbeville.
Caux-Lesueur, adjoint, rue Basse-du-Marché.
Bute', place du Marché.
Catel-Cumont, vieille chaussée de Paris.
Dantier (Joseph), place du Marché.
Deliguière-Bacquet, place de la Ville.

MM. Delignière-Noiseux, rue du Cerf.
Galland (Remi) père, rue basse du Marché.
Gamard, place du Marché.
Havet (Placide), rue d'Amiens.
Machy (Auguste), place du Marché.
Noblesse (François), rue du Cerf.
Poitoux (Théodore) père, rue du Cerf.
Rançon (Nicolas), rue des Halles.
Thouret père, rue d'Abbeville.

Secrétaire de la mairie.

Miannay-Butel, rue basse du Marché.

Administration de l'Hospice.

Le maire, président.

Membres :

MM. Bellegueule père, place de la Ville.
Catel-Cumont.
Delignière-Bacquet.
Havet (Placide).
Havet-Delignière, place du Marché.

Econome de l'Hospice.

Caux-Gamard, rue des Halles.

Conseil de fabrique.

MM. Le maire.
Le curé.
Boignard-Fauquez, place du Marché.
Dantier père, maître de pension, place du Marché.
Delignière-Noiseux.
Galland (Théophile) père, rue basse du Marché.
Leullier-Delignière, rue de la porte du Marché.

Curé :

M. Perdu, chanoine honoraire, rue St-Denis.

Vicaire :

M. Lozenguier, place de la Ville.

Notaires :

MM. Decaudaveine, place de la Ville.
Decaux, rue des Halles.

Huissier :

M. Devisme, place du Marché.

Contrôleur des contributions directes :

M. Teinturier.

Percepteur :

M. Poiret, rue d'Enfer.

Receveur à cheval des contributions indirectes :

M. de Ricouart, place de la Ville.

Adjoint :

M. Seguin, rue du château de Ponthieu.

Conducteur des ponts-et-chaussées :

M. Courmaceul, place de la Ville.

Directrice des postes :

Mme Martignac, rue du Cerf.

Facteur de ville :

Mme Ternisien, rue d'Enfer.

Facteurs ruraux :

MM. Gourlain (Louis), rue d'Enfer.
Marguery (Jean-Baptiste), rue des Petits-Prés.
Rabouille, rue d'Enfer.
Ternisien (Jean-Baptiste), rue d'Enfer.

Receveur buraliste :

M. Landon, rue St.-Denis.

Instituteurs communaux :

MM. Dellieux, rue St.-Denis.
Poiré, place de l'Abbaye.

Sœurs de la Providence :

MMmes Houtteville et Noget, rue St-Denis.

Gendarmes à cheval :

MM. Lenain, *brigadier ;* Claerebout ; Dumont ; Goret ; Maillard ; N***.

Gardes-champêtres et Sergents de ville :

MM. Calais-Basile, place du Marché.
Devauchelle (Théophile), place de la Vignette.
Salomon (Elie), place de l'Abbaye.

Afficheur et Tambour de la ville :

M. Lesenne, rue d'Enfer.

LISTE

DES COMMERÇANTS ET INDUSTRIELS.

MM. *Accordeur de pianos :*

Lescureux (Frédéric), rue St.-Denis.

Arpenteur :

Malivoir (Luc), rue des Halles.

Assurances contre l'incendie et sur la vie, remplacements militaires :

Desenclos, rue de la porte du Marché.
Miannay-Butel.

Aubergistes :

Billoré-Thuillier, rue d'Abbeville.
Delannoy, *au Cerf*. rue du Cerf.
Delignière-Macquet, *au Bon-Pasteur*, place du Marché.
Hulot-Desenclos, *à l'Ange*, place du Marché.
Hulot-Turbet, place du Marché.
Lemaire-Debuire, rue de Paris.
Noblesse (J.-B.), *à la Renommée*, rue St-Denis.
Paillart-Trancart, *à la Croix blanche*, rue d'Abbeville.

Barbiers :

Billoré (Louis), place du Marché.
Hourdel, place de la Ville.
Sannier (Noel), rue du Boisle.

Bas-d'estamier :

Havet-Allard, place de la Ville.
Poiret (Placide), rue des Halles.

Blatiers :

Caux (Pascal), place de la Ville.
Lesueur (Constant), id.
Olivier aîné, place de l'Abbaye.

Bonnetiers :

Olivier-Butel, rue St.-Denis.
Poiret (Placide).

Bottiers et Cordonniers :

Boignard (Adolphe), place du Marché.
Dantier, rue de la porte du Marché.
Hétru aîné, place de la Ville.

MM. Hétru (Pascal), place du Marché.
Hulot, rue de Courchon.
Leroy (Sidney), place de la Vignette.
Louvergne, place de la Vignette.
Mellier, rue des Halles.
Paillart-Rançon, rue St-Denis.
Paillart (Louis), rue d'Abbeville.

Bouchers :

Debuire-Havet, rue de la porte du Marché.
Delignière, dit Galoche, rue des Halles.
Deneux, rue St-Denis.
Macquet-Basile, rue St-Denis.
Macquet (Edouard), id.

Boulangers mds. de pain.

Delignière-Lemaire, place du Marché.
Hulot-Desenclos, rue du Cerf.
Mlle Hulot, rue basse de la Mare.
Ve Hulot, rue St-Denis.
Morel-Busieux, id.
Olivier père, rue d'Enfer.
Salomon (Elie), place de l'Abbaye.
Wargnier, rue d'Enfer.

Bourreliers :

Allard-Rançon, rue St.-Denis.
Allard (Armand), rue basse du Marché.
Debuire frères, place de la Ville.
Debuire-Hourdel, rue St-Denis.

Brasseurs :

Noblesse (François), rue du Cerf.
Ternisien (Cyr), rue d'Enfer.

Cabaretiers et Cafetiers :

Billoré-Thuillier.
Boignard-Sannier, place du Marché.
Boutillier (Théophile), rue de Paris.
Busieux (Etienne), vieille chaussée de Paris.
Delamotte, place du Marché.
Delannoy, rue du Cerf.
Delassus-Lefèvre, rue d'Enfer.
Delignière Macquet, place du Marché.
Demachy-Delarasse, rue St-Denis.
Desenclos, rue de la Porte du Marché.
Devisme-Macquet, rue basse du Marché.

MM. Dévigne-Dévigne, rue des Halles.
Ve Ducrotoy, rue St.-Denis.
Galland-Dumesge, place du Marché.
Ve Galland-Poitoux, rue d'Amiens.
Garcelon, place du Marché.
Hulot-Desenclos, place du Marché.
Lemaire Debuire, rue de Paris.
Leullier Delassus, rue d'Enfer.
Leullier (Luc), rue basse du Marché.
Moulin (Théodore), place du Marché.
Noblesse (Jean-Baptiste).
Noblesse-Devisme, place de l'Abbaye.

Chapeliers :

Calippe, place du Marché.
Fauvelle, place de la Ville.

Charcutiers :

Caux-Leullier, rue d'Enfer.
Debuire (Théophile).
Devisme-Macquet.
Galland (Génie), place de la Ville.
Lemaire (Florent), rue St-Denis.

Charpentiers .

Bridoux, rue de l'Hospice.
Delarasse (Charles), rue des Petits-Prés.
Demachy-Delarasse.
Leullier (Prosper), rue du Boisle.
Noblesse (Auguste), vieille chaussée de Paris.
Paris (Jean-Baptiste), rue St-Denis.

Charrons :

Delassus, rue basse du Marché.
Lesueur (Edouard), rue St-Denis.
Ternisien (Théophile), rue d'Enfer.

Chaudronniers :

Garcelon.
Lafarge, rue St-Denis.

Chaufourniers :

Lemaire (Théophile), rue de la Porte du Marché.
Leullier, (Jean-Baptiste), rue d'Amiens.
Ve Leullier, place du Marché.

Cordiers :

Larivière (Jean-Baptiste), rue d'Amiens.

MM. Larivière (Guillaume), rue d'Abbeville.
Larivière (Joseph), rue du Cerf.
Niquet, rue d'Enfer.

Corroyeurs :

Assegond, rue d'Enfer.
Richebraque, id.
Ternisien (Théophile), rue de Douriez.

Coutelier ;

Vivet, rue basse du Marché.

Couvreurs :

Bailleul-Odelin, rue d'Abbeville.
Odelin (Auguste), id.
Sannier (Achille), rue d'Enfer.
Thuillier frères, rue basse du Marché.

Danse (salles de) :

Desenclos.
Landon (Clément), place de la Ville.

Draperie et Rouennerie:

Beauvisage-Defontaine, rue St-Denis.
Mlle Beauvisage, rue des Halles.
Boignard-Lescureux, rue St-Denis.
Couvé, place du Marché.
Delassus, rue basse du Marché.
Devisme, place du Marché.
Fauvelle, place de la Ville.
Machy-Havet, place du Marché.

Distillateur-Liquoriste :

Noblesse-Villain, rue des Halles.

Ebéniste :

Havet (Joseph), place de la Ville.

Epiciers :

Ve Allard, place du Marché.
Boignard-Fauquez, place du Marché.
Ve Butel, id.
Mlles Calais, rue St-Denis.
Ve Delignière-Butel, place du Marché.
Ve Ducrotoy.
Mlle Fauvelle, place de la Ville.
Garcelon.
Hulot-Desenclos, rue du Cerf.

MM. Larivière-Hourdel, place de la Ville.
Lescureux (Frédéric).
Lefeuvre-Lesobre, place du Marché.
Leullier-Deneux, rue basse du Marché.
Ve Leullier-Malivoir, rue d'Enfer.
Machy-Tripier, rue d'Enfer.
Morel-Busieux, rue St-Denis.
Noblesse-Villain.
Ricouart (Théophile), place de la Ville.
Tillier, rue d'Amiens. Vivet.

Farinier :

Galland (Remi) fils, rue basse du Marché.

Fers et Charbons :

Cavillon-Butel, rue basse du Marché.
Delignière-Bacquet, place de la Ville.

Ferblantiers :

Billoré-Delassus, rue du Cerf.
Garcelon. Péchon, rue de la Mare.

Fils (Mds. de) :

Allou (Eugène), rue d'Enfer.
Delignière (Casimir), vieille chaussée de Paris.

Grainctiers :

Butel, place du Marché.
Boignard Fauquez.
Sannier aîné, rue des Prés de l'Abbaye.
Sannier-Ternisien, rue d'Enfer.
Sueur-Boutillier, place du Marché.

Horlogers-Bijoutiers :

Lescureux (Frédéric).
Vanet, place du Marché.

Hôteliers :

Boignard, *au bras d'or*, place du Marché.
Delignière (Auguste), *à l'écu de France*, place de la Ville.
Leroy, dit Gricourt, restaurateur, place de la Ville.

Huiles (fabricants et marchands d') :

Beauvisage-Defontaine.
Beauvisage-Dévigne, rue du Cerf.
Bellegueule père, place de la Ville.
Bellegueule fils, rue St-Denis.

MM. Boignard-Fauquez.
Boutillier-Leullier, place du Marché.
Boutillier (Génie), rue basse du Marché.
Butel.
Delignière-Rançon, ruelle de l'Hospice.
Dévigne-Dévigne.
Dévigne-Rançon, rue St-Denis.
Galland Beauvisage, place de la Ville.
Galland-Caux, rue basse du Marché.
Galland-Quint, ruelle de l'Hospice.
Galland-Rémi, rue basse du Marché.
Guérin, place du Marché.
Sannier Ternisien.
Sueur-Boutillier.

Jardinier-Pépiniériste :

Dupuis (Edouard), place de l'Abbaye.

Laines (peigneurs de) :

Delignière (Casimir).
Tattebos, rue basse du Marché.

Légumiers :

Garçon (Narcisse), rue du Boisle.
Ve Leblond, place de la Vignette.

Limonadiers avec billards :

Delignière-Ricouart, place de la Ville.
Gamard, place du Marché.
Landon, place de la Ville.
Leroy, dit Gricourt, place de la Ville.
Sueur-Boutillier, place du Marché.

Maçons :

Lemaire frères, rue d'Amiens.
Leullier frères, id.

Maréchaux :

Boignard-Noblesse, rue St-Denis.
Delignière (Alexis), place de la Ville.
Delignière (Jean-Baptiste), id.
Lebel, vieille chaussée de Paris.
Lefort, rue basse du Marché.
Rançon, place de la Ville.

Mécanicien pour moulins :

Leullier (Prosper).

MM. *Médecine* (docteurs en) :

Machy, place du Marché.
Thouret père, rue d'Abbeville.
Thouret fils, place de la Ville.

Menuisiers :

Beauvisage aîné, rue des Halles.
Beauvisage (Théophile), rue d'Hangest.
Deneux (Pierre), place du Marché.
Devauchelle, rue des Halles.
Foublin, rue basse du Marché.
Hulot (Théodore), rue du Cerf.
Jacques (César), rue des Halles.

Messagers pour Abbeville :

Noblesse (Auguste), rue St-Denis.
Pouilly (Paul), place de la Ville.

Pour Amiens :

Allou (Eugène).
Calais, rue St-Denis.

Pour Paris :

Chrétien, rue des Halles.

Meuniers :

Galland-Poitoux, rue basse du Marché.
Macret père, rue des Marais.
Macret aîné, ruelle Merrin.
Macret (Joseph), rue de Paris.
Sannier, au Mermont.
Waquet, rue de Paris.

Nouveautés et Soieries :

Couvé.
Mme Devisme, place du Marché.
Mlles Ledieu, place de la Ville.
Machy-Havet.

Officier de santé :

Rançon, rue des Halles.

Omnibus pour le chemin de fer :

Leroy, dit Gricourt.

Pâtissier :

Fissot-Noblesse, rue basse du Marché

Peintres :

Billoré (Louis).

MM. Billoré aîné, rue du Cerf.
Bretel, rue basse du Marché.

Pensionnat de garçons :

Dantier père et fils, place du Marché.

Pensionnats de demoiselles :

Mlle Desenclos, rue du Cerf.
Mlle Havet, place du Marché.

Pharmaciens :

Lemaître, place du Marché.
Marcel, rue basse du Marché.

Poterie et Faïencerie :

Fourdrinier (Modeste), rue basse du Marché.
Guérin.

Quincailliers :

Cavillon-Butel. Delignière-Bacquet. Vanet.

Rôts (fabricants de) :

Malivoir-Demachy, rue de Courchon.
Malivoir (Luc), rue des Halles.

Sabotiers :

Bretel-Lémant. Lesenne (Nicolas), rue Notre-Dame.

Serruriers :

Dacheux père, rue St-Denis.
Dacheux-Bloquel, rue des Halles.

Serrurier-mécanicien :

Delassus, place du Marché.

Tabac (débit de) :

Landon, rue St Denis.

Tailleurs :

Coulon, place du Marché.
Dequevauvillers, rue du Boisle.
Galland, rue basse du Marché.
Hulot (Prudent), rue de Courchon.
Joly (Alphonse), rue de la Porte du Marché.
Miannay (Joseph), place de la Ville.

Tamis et Cribles :

Fissot (Edouard), place du Marché.

Teinturiers :

Sannier, rue des Halles.
Saveuse, id.

MM. *Toilette* (marchandes à la) :

Ve Bretel, vieille chaussée de Paris.
Mlle Delassus, rue de Paris.
Mlles Ledieu.
Mlle Leullier (Eugénie), rue basse du Marché.
Mlles Machy, rue des Halles.
Mme Malivoir, id.

Toiles (fabricants marchands de) :

Allou (Eugène).
Ve Blondin, place de la Ville.
Delignière (Casimir).
Havet (Pascal), rue St-Denis.
Lenglet (Florentin) rue du Boisle.
Lheureux (Thomas), rue des Halles.
Olivier-Quint, rue du Château de Ponthieu.
Salomon (Parfait), rue de l'Hospice. Tillier.

Tonneliers :

Demachy (Charles-Antoine), rue du Boisle.
Demachy (Modeste), rue d'Enfer.
Hulot-Desenclos, place du Marché.

Tourbes (marchands de) :

Ve Allard, dit Gaillard, rue de la Fontaine-aux-Malades.
Couvé.

Tourneurs :

Bretel (Alexis), rue basse du Marché.
Croute (Prudent), rue d'Enfer.
Godard, rue basse de la Mare.
Leroi (Victor), rue d'Enfer.
Ternisien (Amédée), rue d'Abbeville.

Vanniers :

Busieux (Etienne). Daboval (Théophile), rue d'Enfer.

Vétérinaire :

Ledieu, rue St-Denis.

Vitriers :

Bailleul (Théophile).
Billoré père et fils, place du Marché.
Bretel-Lémant.
Miannay, rue des Trépassés.

Amiens. — Typographie d'Alfred CARON.

www.ingramcontent.com/pod-product-compliance
Ingram Content Group UK Ltd.
Pitfield, Milton Keynes, MK11 3LW, UK
UKHW031051260726
13965UKWH00006B/1341

9 782013 034777